उस पार ले चलो

गुरु प्रेम से ध्यान की यात्रा

गार्गी विश्वास

BookLeaf Publishing
India | USA | UK

Copyright © गार्गी विश्वास
All Rights Reserved.

This book has been self-published with all reasonable efforts taken to make the material error-free by the author. No part of this book shall be used, reproduced in any manner whatsoever without written permission from the author, except in the case of brief quotations embodied in critical articles and reviews.

The Author of this book is solely responsible and liable for its content including but not limited to the views, representations, descriptions, statements, information, opinions, and references ["Content"]. The Content of this book shall not constitute or be construed or deemed to reflect the opinion or expression of the Publisher or Editor. Neither the Publisher nor Editor endorse or approve the Content of this book or guarantee the reliability, accuracy, or completeness of the Content published herein and do not make any representations or warranties of any kind, express or implied, including but not limited to the implied warranties of merchantability, fitness for a particular purpose.

The Publisher and Editor shall not be liable whatsoever...

Made with ❤ on the BookLeaf Publishing Platform
www.bookleafpub.in
www.bookleafpub.com

Dedication

समर्पण

प्रेम और ध्यान के ज्वलंत दीपक,

ब्रह्मलीन,

परम पूज्य गुरुदेव श्री स्वामी विश्वास जी के पावन चरण कमलों में समर्पित।

Preface

दर्पण

मेरे जीवन का मार्ग अत्यंत कठिनाइयों और संघर्षों से भरा रहा है। हृदय के भीतर कहीं गहराई में प्रभु प्यास दबी ही रही। जिंदगी की भाग दौड़ में उसे खोजने का वक्त ही न मिला।

फिर एक दिन गुरुदेव श्री स्वामी विश्वास जी का ध्यान शिविर अचानक ही उपलब्ध हो गया। उस पाँच दिन के ध्यान शिविर में मानों सब गांठे खुलने लगीं। लगा कि जिसकी तलाश थी वो मिल गया और मैं एक अनंत की यात्रा पर निकल पड़ी।

ध्यान का तो पता नहीं कि कितना घटा, मगर हृदय में प्रेम की रस धार सी बह उठी।

प्रेम के उस नव अंकुरित बीज को गुरुदेव श्री जी ने अपनी करुणा और प्रेम से ऐसा सींचा कि चेतना हृदय में ही निवास करने लगी।

ये छोटी सी पुस्तक प्रेम के उन्हीं अनूठे अनुभवों से उतरी कविताओं का एक संग्रह है।

ध्यान के दर्पण में स्वयं के दर्शन का एक प्रयास है।

मेरा अपना तो एक शब्द भी नहीं।

प्रत्येक भाव गुरुदेव श्री जी की अनुकंपा का ही प्रसाद है।

उन्हीं द्वारा उठाए गए भाव,
उन्हीं के चरण कमलों में समर्पित।
ॐ गुरुवे नमः।

Acknowledgements

आभार

पूज्य साध्वी नीलिमा विश्वास जी का हार्दिक अभिनंदन।
उनके मार्ग दर्शन और सहयोग के बिना ये प्रेम सरिता शायद न बह पाती।

1. ख़ाक हो जाऊं

मूंद लूं अपनी ये आँखें इस भरे संसार से
बंद अंखियों के झरोखों से तुम्हें देखा करूं।

आ मेरे हृदय में बस जा, अब कहीं जाना न तू
बंद कर लूं हृदय पट किसी और को आने न दूं।

खो न दूं मैं स्वयं को तृष्णा भरे संसार में
एक तेरी प्यास ले कर प्रेमरस पीती रहूं।

हसरतें हों, कामनाएं हों तो बस दर्शन की हों
हर घड़ी हर स्वास में मैं ध्यान तेरा ही धरूं।

स्वास लूं तो सुगंध तेरे स्वास की आए मुझे
स्वास जब तजने लगूं, इन चरणों में आ कर तजूं।

हे मेरे गुरुदेव बस इतनी सी करुणा कीजिए
ख़ाक हो जाऊं तेरे अंगना की, चरणों में रहूं।

2. शुक्रिया

आवारा धूल सी उड़ती थी जिस रुख हवा चली
इस तुच्छ धूल को चरणों से लगाने का शुक्रिया।

भटक रहा था मृग सा मन तृष्णाओं के जंगल में
उसे भीतर छुपी कस्तूरी दिखाने का शुक्रिया।

भले लाखों सितारे हैं, मुझे इक चाँद से मतलब
मेरे हृदय को चांदनी में नहलाने का शुक्रिया।

जो तुम हो सूर्य मैं धरती, जो तुम सागर तो मैं हूं प्यास
मुझे इस प्रेम सागर से इक जाम पिलाने का शुक्रिया।

बहुत गुज़र गया जीवन, बचे हैं श्वास थोड़े से
बचे श्वासों में अपना ध्यान बसाने का शुक्रिया।

पड़े थे भाव पत्थर से बिखरे हुए इधर उधर
उन्हें पिघला के रस सरिता बहाने का शुक्रिया।

मेरा हर स्वास गाता है मेरे गुरुदेव शुक्रिया
मेरे हृदय के वीणा तार बजाने का शुक्रिया।

3. जाने ये कैसा रिश्ता है

हैं रंग बहुत इस दुनियां में, ये रंग मुझे भी भाते हैं।
पर तेरे प्रेम रंग के आगे सब रंग फीके पड़ जाते हैं।

दुनियां की भूल भुलैया में जब दिल मेरा घबराता है।
तू बरसों पहले खोई मेरी मां के जैसा दिखता है।
जाने ये कैसा रीश्ता है?

जब अपने दर्द का आंसू मैं तेरे नैनों में पाती हूं।
जो बात किसी से कह ना सकूं, वो बात तुझे कह जाती हूं।
मेरे हृदय की पीड़ा को जब तू हृदय में लेता है ।
तब पिछले जन्मों का बिछड़ा कोई सखा पुराना लगता है।
जाने ये कैसा रिश्ता है?

जीवन की टेढ़ी राहों पर ये हाथ जो मैंने थामा है।
छूटते हैं रिश्ते छूट जाएं, मुझे नाता यही निभाना है।
जब विरहा का कांटा मेरे भीतर हृदय में चुभता है।
तब निष्ठुर, निर्मोही, पर फिर भी प्रियतम प्यारा लगता है।
जाने ये कैसा रिश्ता है?

ना नाम जपूं ना ध्यान धरूं उस निराकार परमेश्वर का।
मैने तुझ में उसको पाया, है रूप तू ही उस ईश्वर का।
हर पल मैं तुझको याद करूं, हर पल तू दिल मे रहता है।
वो कृष्ण कन्हैया तू ही है, मेरा रोम रोम ये कहता है।
ये कितना प्यारा रिश्ता है।

4. अपनी तलाश

जब से लागी है लगन आप से ऐ मेरे हुज़ूर
हर गली कूचे में अफसाने बयां होते हैं।

सता ले लाख ज़माना या ढा ले लाख सितम
ये सितम शोलों को कुछ और हवा देते हैं।

ऐ उजालो तुम जो चाहो तो मोड़ लो मुखड़ा
दीद बंद आंखों के अंधेरों में हुआ करते हैं।

आप की याद में जीवन की हरेक शाम आए
आप की दीद से रौशन हर सुबह होती है।

आप के आ जाने से आ जाती है गुलशन में बहार
आप से दूरी को जीवन की ख़िज़ा कहते हैं।

ए मेरे नूर ए इलाही, ए मेरे शाह ए चमन
आफ़ताब आप हैं, हम ज़र्रा नुमा होते हैं।

हमको तो भीड़ में रहती है फ़कत अपनी तलाश
आप ही तो मेरी ख़ुदी को ख़ुदा कहते हैं।

आप ने याद दिलाया तो हमें याद आया
वो कहीं और नहीं, ख़ुद में ही ख़ुदा रहते हैं।

ना जाएं काशी ना काबा ना करें बुत को नमन
हम तो बेलौस मुर्शिद के कदमों में ही सर रखते हैं।

जाके हम किसको दिखाएं ये अपने ज़ख्म ए जिगर
आप कातिल हैं, आप ही तो दवा करते हैं।

आप मिलते हैं अगर ख़ुद के फ़ना होने पर
कयामत आज ही आ जाए ये दुआ करते हैं।

5. क्या आरती करूं?

तुझे भेंट क्या दूं गुरुवर मेरे, तू तो नेमतों का भंडार है।
जो भी पास है, है तेरा दिया, नहीं अपना कुछ मेरे पास है।
तुझे भेंट क्या दूं गुरुवर मेरे।

तुझे फूल क्या दूं, तेरा चमन। क्या दूं स्वर्ण, तू है पारस स्वयं।
क्या दूं धन, तू स्वयं कुबेर है। तेरी बरकतों का आधार है।
तुझे भेंट क्या दूं गुरुवर मेरे।

क्या जलाऊं दीप, प्रकाश तू। क्या दूं धूप, महकती श्वास तू।
करूं आरती मैं क्या प्रभु, तेरा बोल अनहद नाद है।
तुझे भेंट क्या दूं गुरुवर मेरे।

क्या ही नाचूं मै, नटराज तू। क्या मैं गाऊं स्वर सम्राट तू।
मेरी क्या बिसात मै कुछ करूं, इक तू ही करननहार है।
तुझे भेंट क्या दूं गुरुवर मेरे।

इक दिल ही था जो तेरा हुआ। तेरे चरणों में जीवन फ़िदा।
मेरे ध्यान में, हर स्वास पर, बस एक तेरा ही राज है।
तुझे भेंट क्या दूं गुरुवर मेरे।

मेरे दिल में है यही कामना, रहे इस शरीर में तू बना।
कि दोनों जहां मेरे साथ हैं, जो कृपा का सिर पे ये हाथ है।
तुझे भेंट क्या दूं गुरुवर मेरे, तू तो नेमतों का भंडार है।

6. तो फिर क्या हो?

चले जाते हो हम से दूर पर इतना तो बतलाओ,
जो हम हो जाएं गुम दुनियां के मेले में तो फिर क्या हो?

बसे रहते हो यूं तो इस हृदय में हर घड़ी हर पल,
ये प्यासे नयन जो तरसेंगे दर्शन को तो फिर क्या हो?

मेरे आंगन का सूरज दूसरों के घर में जा चमके,
मेरे घर में अगर हो जाए अंधेरा तो फिर क्या हो?

बड़ी ही देर से पाया, मगर है शुक्र पाया तो,
ये लंबा वक्त विरहा का ना कट पाए तो फिर क्या हो?

तुम्हीं हो आसरा मेरा, तुम्हीं बस इक सहारा हो,
जो जब लौटो हमारा नाम बिसरा दो तो फिर क्या हो?

हमें विश्वास है तुम पर, नहीं अपना भरोसा है,
जो तुमसे दूर हो हम वो पहले से हो जाएं तो फिर क्या हो?

7. बहार चली आई

फिर फूल खिल रहे हैं, फिर चमन मुस्कुराया।
मदमस्त हुए भंवरे कि बहार चली आई।

फिर नाच उठा मोरा, और झूम उठे बदरा।
फिर खुल के सदगुरु ने करुणा जो है बरसाई।

फिर जल उठी शमा ने है मुझ को यूं पुकारा।
सब छोड़ छाड़ क्यों ना मैं मिटने चली आई।

फिर खींचती डगशाई जैसे कोई चुंबक हो।
पर चाह कर भी प्रियतम तुम तक न पहुंच पाई।

ये जाल बंधनों के काटोगे कब प्रभु जी?
देखो हृदय की पीड़ा भीतर ही छटपटाई।

अब आ भी जाओ प्रियतम, बस जाओ तुम भीतर ही।
जीवन गुज़र न जाए , क्यों सुध मेरी भुलाई।

8. हम विश्वास हो गए हैं

जब से तुम्हारे दर के हम दास हो गए हैं,
काबिल नहीं थे, फिर भी विश्वास हो गए हैं।

हम थे फंसे भंवर में, तुम ने हमें निकाला।
नाचीज़ हम थे, हीरा नायाब हो गए हैं।

गूंजा करे है भीतर हर पल तेरा तराना।
बहरे हुए हैं जग से, तेरा साज़ हो गए हैं।

सूनी सी जिंदगी में तुम बहार बन के आए।
तुमरे करम के सदके, आबाद हो गए हैं।

दुनियां के ताजदारो, तुम को शिखर मुबारिक।
हम इक फकीर ए रहबर ए मोहताज हो गए हैं।

काबिल नहीं थे फिर भी विश्वास हो गए हैं।
जब से तुम्हारे दर के हम दास हो गए हैं।

9. अन्तर क्यों?

तू है इक बहता दरिया और मै हूँ डोलती नैया।
क्या जानू मेरे प्रियतम, तुझको मैं बांधू कैसे?

तू इक गहराता सागर और मैं छोटी सी गागर।
तू ही बतला अब तुझको मै खुद में समाऊं कैसे?

तू इक आजाद परिंदा और मैं पिंजरे की मैना।
मैं न रह जाऊं जिससे, वो पंख मैं पाऊं कैसे?

तू घोर घटा मैं रेती, तू खुल के अगर बरसे भी।
मैं रहूं सुखी की सूखी, कह भीग सकूं मैं कैसे?

तू जाम भरा मस्ती का, मेरे गले फांस विषयों की।
ये मस्ती का पैमाना मैं पी पाऊं तो कैसे?

तू दूर बहुत है मुझसे और कठिन डगरिया तेरी।
इन बंधे पांव से चल के तुझ तक मैं आऊं कैसे?

अब तू ही आजा चल के, हैं बाट जोहते नैना।
डूबा जाता है सूरज, बढ़ती आती है रैना।

आ हाथ पकड़ ले मेरा, ये राह सुगम सी कर दे।
दे काट सभी अब बंधन, उन्मुक्त मुझे भी करदे।

आ बहुत हुआ हे गुरुवर, मुझमें तुझमें क्यों अन्तर ?
मैं अंश तेरा ही तो हूं, अब धीर धरूं तो कैसे।

10. तुझे क्या कहूं?

तुझे मैं चाँद कहूं या कि आफ़ताब कहूं
तू बनके नूर ए नज़र छाया है निगाहों में।

तुझे फकीर कहूं या कि शहंशाह कहूं
रहे परबत पे मगर राज करे शाहों पे।

तुझे मसीह कहूं या कि मै सैय्याद कहूं
कभी तारे कभी दे घाव तू गहराइयों में।

कहूं अमृत कलश या जाम आशिक़ी का कहूं
पी के अमृत पड़े मदहोश तेरी राहों पे।

तुझे कैलाश या सागर सा राज़दार कहूं
न छू पाऊं न जानूं राज़ क्या गहराइयों में।

मेरे मुर्शिद, तुझे मैं सारी कायनात कहूं
गुनाह बक्शदे, और रखले तू पनाहों में।

11. इंतजार

हृदय की राह पर खिलने लगे हैं फूल आहों के।
चले आओ कि हम राहें सजाए बैठे हैं।

हमारे भाव का भोजन है और जलपान आंसू का।
चले आओ कि हम थाली लगाए बैठे हैं।

किए श्रृंगार विरहन सा, सिमट दुल्हन से बैठे हैं।
चले आओ कि हम हृदय सजाए बैठे हैं।

तुम्हारे गीत बजते हैं हमारी हृदय वीणा पर।
चले आओ कि हम महफ़िल जमाए बैठे हैं।

भरी दुनियां के मेले में भटक रहे हैं हम तनहा।
चले आओ कि ग़म मजमा लगाए बैठे हैं।

रुकी जाती ये धड़कन है, बची कुछ चंद सांसें हैं।
चले भी आओ हम सांसों को थामे बैठे हैं।

जो इन चरणों में बीते हैं वही लम्हे मुबारक हैं।
उन्हीं लम्हों को हम सुर में संवारे बैठे हैं।

करो न देरियां प्रियतम, मिटा दो दूरियां अब तो।
तुम्हारी आस में दुनियां भुलाए बैठे हैं।

12. लगता नहीं है दिल

लगता नहीं है दिल मेरा रंग ओ बहार में।
दिल की लगी नहीं है मेरे इख़्तियार में।

कब तक चुरा सकूंगी मैं दुनियां से यूं नज़र?
नज़रें हैं डूबी तेरे नशे के ख़ुमार में।

मन रम गया तुझी में, मैं माया का क्या करूं?
दुनियां की तिजारत नहीं होती है प्यार में।

प्यासे जिया को है सदा तनहाई की तलाश।
वो भीड़ में भी खोया है तेरे दीदार में।

दरिया का कोई छोर या परबत का हो शिखर।
मिल जाए तू मुझे किसी तनहा कगार पे।

अन्जान हूं मैं हश्र ए मुहब्बत से ओ सनम।
पर लुत्फ़ जिन्दगी का है तेरे इंतज़ार में।

अबकी बरस इस होली पर कुछ माँग लूं प्रभु?
दो सुर्ख रंग तुम मुझे पीले पे डाल के।

लगता नहीं है दिल मेरा रंग ओ बाहर में।
दिल की लगी नहीं है मेरे इख़्तियार में।

13. मन रंग पीत चढ़ाओ

दिया ऐसा बसन्ती रंग मुझको
दुनियां का रंग कोई भाए ना।
चरणों से लगाया कुछ ऐसे
कोई दूजा ठौर सुहाए ना।

कैसा होता है वो पतझड़,
कोई आ कर के समझा जाए।
ख़ुशबू से महकता आलम है
कोई गन्ध ख़िज़ा की आए न।

कैसे गाऊं मैं शुक्र तेरा,
सूरज को दीप दिखाऊं क्या?
जन्मों की भूली भटकी मैं
तू इक पल मुझे भुलाए न।

ये तन तो पीला रंग ही दिया,
अब मन रंग पीत चढ़ाओ तुम।
अब जग रूठे या तन छूटे
पीत रंग अब छूटने पाए न।

दिया ऐसा बसन्ती रंग मुझको
दुनियां का रँग कोई भाए न।

14. क्यों चरण हम से छुड़ाए जाते हो?

क्यों चरण हमसे छुड़ाए जाते हो?
हम हैं नाचीज़ नासमझ बन्दे, क्यों हमें आज़माए जाते हो?

बहाकर प्रेम की गंगा, दिखा आनन्द का सागर।
क्यों उसमें दर्द की सिसकी बसाए जाते हो?

कि मर ना जाएं कहीं जल के इस अगन में हम।
ये कैसी विरहा की अग्नि जलाए जाते हो?

चले थे राह पर बस दो कदम ही साथ तेरे।
क्यों हो कठोर यूं दामन छुड़ाए जाते हो?

तुम्हारे बिन तो है हर ओर घोर अंधियारा।
जला के दीप क्यों खुद ही बुझाए जाते हो?

अब तो रहना है बस तेरी रज़ा में ही राज़ी।
हमें अपना के अब क्यों ठुकराए जाते हो?

बड़ी हैं उलझने संसार के झमेलों में।
हमें उलझा के क्यों तुम मुस्कुराए जाते हो?

कभी गहरा समुंदर है, कभी सूखा सा रेगिस्तान।
क्यों हर कदम हमें दुविधा में डाले जाते हो?

ये मेरा प्रेम चरणों से सरल नवजात शिशु सा है।
बड़े निष्ठुर हो, चरण हम से छुड़ाए जाते हो।

तुम्हें पाने की तलब है, है बस तुम्हारी तलाश।
क्यों हमसे दूर, और दूर हुए जाते हो?

मिटा के मेरी हस्ती को, जला के मेरा वजूद।
तुम तो कुछ और ही विराट हुए जाते हो।।।

15. ये कैसी प्यास

ज़रा आज मुझको ये बतलाना गुरुवर,
कि ये प्यास कैसी जगा रहे हो?

ख़ुद ही छुपे हो तुम हृदय में मेरे,
तलाश किसकी करा रहे हो ?

तुम चाँद पूनम के हो गए हो,
और ज्वार भावों में उठा रहे हो।

उछल उछल चूम लें भाव लहरें,
क्यों उनसे चेहरा छुपा रहे हो?

तुम कह रहे हो, तजो कामनाएं,
तुम्हीं कामनाओं को जगा रहे हो।

ये दिल चाहे हर पल मुहब्बत तुम्हारी
ये क्यों मोह हृदय में उपजा रहे हो?

सूखा सा वीरान सा दिल का गुलशन,
तुम प्रेम बरखा यूं बरसा रहे हो।

जन्मों से प्यासी मरुभूमि में भी
सुमन सुगंधित खिला रहे हो।

ज़रा मुड़ के देखो चली आ रही हूं,
ये दामन पकड़ कर, यूं ही आंख मूंदे।

ये मेरा समर्पण हो स्वीकार तुम को,
चलो ले चलो तुम जिधर जा रहे हो।

16. मेरे रहनुमा

ऐ मेरे रहबर ए मेरे रहनुमा
मुझे ले चल उधर तूने जाना जहां।

छोड़ दी मैंने कश्ति तेरे आसरे
अब तो मांझी जहां मेरा साहिल वहां।

बड़ा लम्बा सफ़र, बड़ी मुश्किल डगर
कोई साथी न कोई सहारा मिला।

थक गई चलती तनहा सी राहों पे मैं
ख़ार चुभते रहे दर्द बढ़ता रहा।

तेरे चरणों का अनुराग जब पा गई,
ख़ार फूल बने दर्द जाता रहा।

रंग दुनियां के भाते हैं मुझको मगर
इक तेरे रंग में मन है जाता रंगा।

छंटता जाता है मोह का अंधेरा घना
इक तेरे तेज से मेरा उज्वल जहां

अपनी चाहत का गहरा वो रंग दे चढ़ा
ना लुभा पाएं दुनियां की रंगीनियां।

ना मैं संसार पाऊं तो कुछ ग़म नहीं
पर तुम ना नज़र को चुराना कभी।

हूं गुनहगार जन्मों की पापिन मगर
नहीं अपनी नज़र से गिराना कभी।

यूंही रहमत की बरखा बरसती रहे
मेरा निर्मल हो मन धुल जाएं गुनाह।

मेरा बस एक तू, तेरे लाखों प्रभु
जैसे लाखों हैं तारे और इक चंद्रमा।

हो न जाऊं कहीं मैं अंधेरों में गुम
मुझे गर्दिश में हर पल तुम्हीं थामना।

कैसे पाऊं मैं कैसे रिझाऊं तुम्हें?
मैं हूं धूल ए जमीन और तू आसमां।

ए मेरे रहबर ए मेरे रहनुमा
मुझे ले चल उधर तूने जाना जहां।

17. उसके ज़ख्म, उसकी मलहम

सुना है उसकी लाठी में आवाज़ नहीं होती।
पर मैंने माना कि उसकी रहमत सी बरसात नहीं होती।

जो लाठी पड़ भी जाए तो घाव संजो के रखना।
ऐसी करुणा की नज़र बार बार नहीं होती।

कितना करीब हुआ होगा वो ज़ख़्म देने के लिए।
उसकी नज़दीकियों की मेहर हर बार नहीं होती।

ज़ख़्म देता है तो मलहम भी खुद लगाता है।
वो न तड़पता तो मैं भी शायद ज़ार ज़ार नहीं रोती।

आज पी लूं ज़रा भर भर के ग़मों के प्याले।
कि ऐसी पुरज़ोर कोई भी शराब नहीं होती।

शुक्र कैसे करूं इस रहमत ए इनायत का।
जो करम ना होता तो चरण धूल के काबिल नहीं होती।

बहुत जनम हैं गुज़रे ए मन तेरी गुलामी में।
अब संभल जा कि तेरी जीत इस बार नहीं होती।

वो ख़ुद खड़ा है मेरी नाव का खेवैया बन।
देखना कैसे ये रूह उस पार नहीं होती।

18. अभी बाक़ी है

जीवन गुज़र गया है नाते सभी निभाते
प्रियतम को मनाना अभी बाक़ी है।

मुद्दत से चल रही हूं, उलझी हूं रास्तों में
बस घर को लौट जाना अभी बाक़ी है।

गुरुदेव ने कृपा कर इक बीज जो है बोया
उसका मिट्टी में मिट जाना अभी बाक़ी है।

अभिमान की शिला पर ये जो चोट तुमने मारी
बस ढह के ही गिर जाना अभी बाक़ी है।

इस रंगभूमि पर तो देखा बहुत है खेला
अंतस में दीद पाना अभी बाक़ी है।

साक़ी ज़रा आकर के पैमाना तो छलका दे
इस प्यास को बढ़ाना अभी बाक़ी है।

मैं क्यों तड़प रही हूं, दुनियां ने ये ना जाना
इस दर्द में समाना अभी बाक़ी है।

ए स्वास तू ठहर जा, कहीं छूट ही ना जाना
परम तत्व को तो पाना अभी बाक़ी है।

19. एक एहसास

कोई एहसास पर छाया है मेरे आज इस तरह
कि मैं हूं कौन और क्या हूं, नहीं कुछ भी खबर मुझको।

वो आया यों मसीहा ज्यों, हरे सभी गुनाह मेरे
वही हर शय में अब दीखे, नहीं चाहिए ख़ुदा मुझको।

कभी वो झोंका ख़ुशबू का, कभी रहमत की बरखा है
है इक आलम सकूं का वो, नहीं अब कोई ग़म मुझको।

ये प्यासा सा जिया मेरा, है तरसे दरस को हर सू
मगर मूंद जाएं ये अखियां जो वो आ जाएं रुबरु।

कोई बतला दे अब मुझको, ये कैसा राज़ ए उल्फत है
खुशी दे वो, वही दे ग़म, वही दे ज़ख्म और मरहम।

कोई बतला दे जा उनको, कि बढ़ता जाता है ये दर्द।
ज़रा रख हाथ ये सिर पर उबारो अब तो आ मुझको।

20. वो तोहफा कहां से लाऊं?

जिसे तू कबूल कर ले वो तोहफ़ा कहां से लाऊं?
तेरे दिल को जो लुभा ले वो सदा कहां से लाऊं?

मैं वो जीव हूं कि जिसने छला हर जनम में तुझको।
तूने हर जनम जगाया, नहीं जाग आई मुझको।
ये जन्म ओ मरण का फेरा भला पार कैसे पाऊं?
तेरे दिल को जो लुभा ले, वो सदा कहां से लाऊं?

तेरी शरण आ पड़ी हूं, लिए पाप का ख़ज़ाना।
है करम तेरा कि तूने मुझको भी अपना माना।
जो जन्मों की धूल धो दे, वो आंसू कहां से लाऊं?
तेरे दिल को जो लुभा ले वो सदा कहां से लाऊं?

मेरी आरज़ू यही है हृदय में तुझको पाऊं।
जीवन के शेष लम्हे तेरे चरणों में बिताऊं।
औकात कुछ नहीं है, पर दात तुझ से पाऊं।
तेरे दिल को जो लुभा ले वो सदा कहां से लाऊं?

तू चाँद है फ़लक का, मैं धरा की हूं चकोरी।
तेरी दीद की उल्फत है, सुन लेना अरज़ मेरी।

तुझे छू सकूं ओ प्रियतम, वो उड़ान कैसे पाऊं?
तेरे दिल को जो लुभा ले, वो सदा कहां से पाऊं?

21. कहां जा छुपे हो ?

कहां जा छुपे हो, हे गुरुदेव प्यारे?
ये हृदय की वीणा तुम्हें ही पुकारे।

ना बरसे है सावन, ना कूके कोयलिया।
ना नाचे मयूरा, ना बाजे मुरलिया।
हैं तुम बिन ये सारे ही रूठे नज़ारे।
कहां जा छुपे हो हे गुरुदेव प्यारे?

है होंठों पे मुस्कान, पर आंख है नम।
सुनाएं किसे आलम ए दर्द अब हम।
पिए जाते आंसू हैं विरहा के मारे।
कहां जा छुपे हो हे गुरुदेव प्यारे?

कठिन राह तुम बिन जो तुमने दिखाई।
ना उठते क़दम, मारे डाले जुदाई।
ना मझधार छोड़ो लगाओ किनारे।
लौट आओ अब तो हे गुरुदेव प्यारे?
कि मुरझा ना जाएं ये फूल तुम्हारे।
कहां जा छुपे हो हे गुरुदेव प्यारे?

22. प्यार ही प्यास है

हमने देखा है तेरे दर पे आके सदगुरु
प्यार ही प्यास है, और प्यास में तू रहता है।

एक एहसास है तू, रूह में तू बसता है
प्रेम के नीर सा आंखों से बहा करता है।

प्यास कोई बोल नहीं, प्यास आवाज़ नहीं
वो तो ख़ामोशी से हृदय में रहा करती है।

ना वो बुझती है, ना मिटती है, ना घटती है कभी
नूर की बूंद सी अश्कों में बसा करती है।

ध्यान कोई काम नहीं, ध्यान नाकाम नहीं
एक करूणा है जो सदगुरु से मिला करती है।

ना ये धन है जिसे दुनियां में कमाए कोई
एक दौलत है जो बेलौस मिला करती है।

सेवा कोई कर्म नहीं, सेवा कोई धर्म नहीं
ये तो किरपा है अनायास मिला करती है।

ना कोई करता है और न ही कराए कोई
समर्पण पूर्ण है तो ख़ुद ही हुआ करती है।

23. उस पार ले चलो

चंद स्वांस ही बचे हैं, पर सफर तो लंबा है।
गहरा है ये भवसागर और नैय्या पुरानी है।

मार्ग में भंवर भी हैं और अनेकों तूफ़ान भी।
ताक़त नहीं है जिस्म में और पतवार पुरानी है।

बस एक ही है भरोसा कि मांझी मेरा मुर्शिद है।
पतवार उसके हाथ है तो हर तूफ़ान फ़ानी है।

अब मोह जाल काटो, काटो ये श्वास तार भी।

उस पार ले चलो बस
ये सफ़र रूहानी है।

www.ingramcontent.com/pod-product-compliance
Lightning Source LLC
Chambersburg PA
CBHW070040070426
42449CB00012BA/3107
9781807154684